Karla Michelschmidt
mit herzlichen [...]
in dankbarer Verbundenheit

[...], am 9.1.2012

[Unterschrift]

GottesStille

▲

Heilsbronner Impulse für eine
Spiritualität der Ökumene

Evangelischer Konvent
Kloster Heilsbronn

Impressum: GottesStille
                    Heilsbronner Impulse für eine Spiritualität der Ökumene

Herausgeber: Evangelischer Konvent Kloster Heilsbronn
                    Ulrike Feldmeier, Christian Schmidt

Verlag: mabase-verlag, Nürnberg,
                    ISBN 978-3-939171-27-0
                    Erlanger Verlag für Mission und Ökumene, Neuendettelsau
                    ISBN 978-3-87214-529-1
                    © by Evangelischer Konvent Kloster Heilsbronn.

Umschlagsgestaltung: Ulrike Feldmeier
Satz: M Kommunikation (Pretzfeld)
Gesamtherstellung: buch bücher de GmbH, Birkach

ISBN 978-3-939171-27-0

9 783939 171270

Inhalt

Zum Geleit

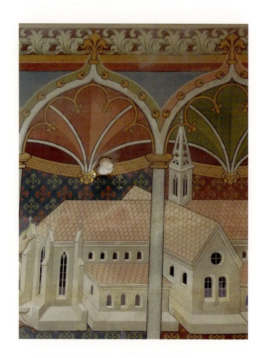

Es gibt so etwas wie heilige Räume. Nicht allein ihre Architektur
und nicht nur ihre Kunstwerke machen sie dazu. Wesentlicher ist das, was
in ihnen geschah und geschieht: Da ist es still. Da höre ich das Wort,
das von ganz woanders her kommt. Da steigt das Gebet auf zu Gott. Da
bekomme ich auf geheimnisvolle Weise Anteil am göttlichen Leben.
Da bin ich nicht allein. Da kann ich mich verlassen – auf einen anderen hin.

Das Heilsbronner Münster ist so ein Ort. Es strahlt Frieden aus durch seine ausgewogene Architektur, die Geborgenheit und Freiheit vermittelt. Es lässt in Bau und Ausstattung etwas von der Schönheit Gottes ahnen. Voll Liebe und Sorgfalt ist alles gearbeitet, bis ins Detail. Und seit mehr als acht Jahrhunderten wird dort geschwiegen, gebetet, auf Gott gehört, das Sakrament gefeiert, Gemeinschaft erfahren mit Gott und untereinander.

»Seid stille und erkennet, dass ich Gott bin«, heißt es im 46. Psalm. Wenn wir dem Leben auf den Grund kommen, wenn wir Gott finden wollen, brauchen wir Stille. Und das Hören. Und die Gemeinschaft. Und das Gebet. Im Münster kann das alles erlebt und erfahren werden.

Etwas von dieser Erfahrung spiegelt das Buch ›GottesStille‹ wider. Bilder und Texte sind aufeinander bezogen. Und sie lassen viel Raum für eigene Gedanken und Gebete, helfen, in die Stille einzutauchen.

Das Münster ›St. Marien und St. Jakobus‹ zu Heilsbronn diente über 400 Jahre den Zisterziensermönchen; seit der Reformation feiert die evangelische Kirchengemeinde hier ihre Gottesdienste. Als deren Gast trifft sich im Münster regelmäßig der junge, ökumenisch eingestellte ›Evangelische Konvent Kloster Heilsbronn‹.

Aus seinem Leben heraus hat die Konventualin Ulrike Feldmeier dieses Buch gestaltet. Alle Bilder stammen aus dem Münster oder seiner direkten Umgebung. Alle, bis auf die am Ende des Buches, die den Bogen in die weltweite Kirche, konkret in den Kongo, schlagen, wo der Heilsbronner Konvent ein Partnerschaftsprojekt betreut. Die Texte speisen sich aus der reichen spirituellen Tradition der weltweiten Kirche, wenn auch ein besonderer Akzent auf der Weisheit der Benediktiner und Zisterzienser liegt.

Ganz konzentriert leuchten in diesem Buch wesentliche Wahrheiten auf. Mögen sie aus Heilsbronn in Kirche und Welt hinein strahlen.

Oberkirchenrat Christian Schmidt, Prior des Evangelischen Konvents Kloster Heilsbronn
Regionalbischof des Kirchenkreises Ansbach-Würzburg

Gott, unser Vater,

bei Dir ist die Quelle des Lebens, Du bist
der Brunnen des Heils. Mach uns still, dass wir Dich
hören; mach uns leer, dass Du uns füllen kannst.

Mach uns hungrig nach Gerechtigkeit
und Frieden und lass uns Dich erkennen im Gesicht der
Armen. Nimm uns die Angst und Traurigkeit und
schenk uns Deine Freude.

Jesus Christus, Du bist an unserer Seite;
Heiliger Geist, durch Dich sind wir verbunden;
Dreieiniger Gott, Ursprung, Ziel und Mitte,
Dich beten wir an.

Gebet des Evangelischen Konvents
Kloster Heilsbronn

Vorwort

Ich fürchte, sage ich, dass du, inmitten der zahlreichen Dinge, die dich vereinnahmen und die offenbar kein Ende nehmen, deine Stirn verhärtest, dass du dich so allmählich selbst des Gespürs für einen durchaus gerechtfertigten und heilsamen Schmerz beraubst. Es wäre viel klüger, du würdest dich von Zeit zu Zeit jenen Dingen entziehen, als dass du es geschehen lässt, von ihnen gezogen zu werden und langsam aber sicher dahin geführt zu werden, wo du nicht landen willst. Du fragst, wohin? Zu einem harten Herzen. Frage nicht weiter, was damit gemeint sei; wenn Du jetzt nicht erschrocken bist, ist es dein Herz schon. (...) Um kurz und knapp alle Übel dieser schrecklichen Krankheit zusammenzufassen: Einem harten Herzen ist es eigen, dass es weder Gott fürchtet noch den Menschen achtet. (...)
Bist du dir etwa fremd geworden? Wem aber bist du dann nicht fremd, wenn du dir selber fremd bist? Kurz gesagt: Wer sich selbst nicht achtet, für wen könnte der gut sein?

Bernhard von Clairvaux an Papst Eugen III.

Diese Mahnung des großen Predigers der Zisterzienser, Bernhard von Clairvaux (1090-1153), ist überraschend aktuell. Selbstentfremdung, Selbstüberschätzung, Aktionismus, und als deren Folge Selbstüberforderung, Abstumpfung und Beziehungsverlust kennzeichnen den Menschen, der sich im rastlosen Tätigkeitstaumel verliert.

Eindringlich mahnt Bernhard zum Innehalten, zur Besinnung auf das, wovon der Mensch recht eigentlich lebt.

Denn gerade da, in einem Raum der Stille, in der dem Alltag abgerungenen, ausgesonderten besonderen Zeit, in der der Mensch bewusst auf eigene Wirklichkeitsgestaltung verzichtet, begegnet ihm die Wirklichkeit, die die seine übersteigt. Hier lernt er, ›mit dem Herzen hörend‹, Gott und durch ihn auch sich selbst und seine Mitwelt immer wieder neu kennen. Und aus solchem Geschehen geht er gewandelt hervor, getröstet und mit neuem Leben beschenkt, dankbar und bereit, in Reden und Handeln von der erfahrenen Fülle Gottes weiterzugeben, wenn es denn sein muss auch in leidvollen Situationen.

Diese immerwährende Bewegung von der einsamen ›Gottesstille‹ hin in die gemeinsame ›Stille‹ des freudigen Lobgesangs und dann hinaus zum getrosten, liebevollen Tätigwerden in der näheren und ferneren Menschengemeinschaft, sie war und ist durch alle Zeiten hindurch die Grundbewegung christlicher Spiritualität.

Wer sich in diese Bewegung bewußt und täglich neu hineinstellt, dessen Leben wird – in Kontemplation und Aktion – letztlich zu einem einzigen alles umfassenden Gebet, das getragen ist von Glaube, Liebe und Hoffnung. Leben wird so zum Gottesdienst. Dies kommt in besonderer Weise in der klösterlichen Tradition der Stundengebete zum Ausdruck, denen der Mittelteil dieses Buches gewidmet ist.

Die ausgewählten Texte möchten dazu einladen, im Gespräch mit Bernhard, aber auch mit vielen anderen Stimmen, sich meditativ auf solche Bewegung einzulassen. Die Kunstschätze und die Architektur des Zisterzienserortes Kloster Heilsbronn begleiten die Worte als sinnenfälliges Glaubenszeugnis.

der Stille Raum geben:

vom Innehalten zur ›Weitung des Herzens‹

Soll also Gott sein Wort in der Seele sprechen,
so muss sie zum Frieden und zur Ruhe gekommen sein:
Dann spricht er sein Wort und sich selbst in der Seele –

Meister Eckhart

Wie lange noch willst du ein Geist sein,
der ausgeht, aber nicht heimkehrt?

Bernhard von Clairvaux

Alles gackert, aber wer will noch still
auf dem Neste sitzen und Eier brüten? (...)
Alles bei ihnen redet, alles wird verrathen.
Und was einst Geheimniß hieß und Heimlichkeit
tiefer Seelen, heute gehört es den
Gassen-Trompetern und andern Schmetterlingen

Friedrich Nietzsche

19

Gesegnet seien jene, die nichts zu sagen haben,
und trotzdem den Mund halten.

Oskar Wilde

Sorge nicht um das, was kommen wird, weine nicht
um das, was vergeht: aber sorge dich selbst nicht zu verlieren,
und weine, wenn du dahintreibst im Strome der Zeit,
ohne den Himmel in dir zu tragen.

———————————————

Friedrich Schleiermacher

Eine Blume, die sich erschließt,
macht keinen Lärm dabei. Unbemerkt
kommt alles, was Dauer haben soll,
in dieser wechselnden, lärmvollen Welt.

Wilhelm Raabe

Ein Bruder kam zu Altvater Moses in die Sketis und begehrte von ihm ein Wort. Der Alte sagte zu ihm:»Geh, setze dich nieder in deiner Zelle, und deine Zelle wird dich alles lehren«.

***

ein Wüstenvater

Leer werden für Gott, das ist nicht Müßiggang, nein,
es ist die wichtigste aller Beschäftigungen.

Bernhard von Clairvaux

Nicht nur still werden und den
Lärm abschalten, der mich umgibt. Nicht nur
entspannen und die Nerven ruhig werden lassen.
Das ist nur Ruhe. Schweigen ist mehr.

Schweigen heißt: mich loslassen – nur einen
winzigen Augenblick – verzichten auf mich selbst,
auf meine Wünsche, auf meine Pläne, auf meine
Sympathien und Abneigungen, auf meine
Schmerzen und meine Freuden – auf alles, was ich
von mir denke und was ich von anderen halte,
auf alle Verdienste, auf alle Taten. Verzichten
auch auf das, was ich nicht getan habe: auf meine
Schuld und auf alle Schuld der anderen an mir,
auf alles, was in mir unheil ist. Verzichten auf mich
selbst. Nur einen Augenblick DU sagen und GOTT
da sein lassen. (...) Dann ist im Schweigen
Stille und Reden und Handeln und Hoffen und
Lieben zugleich. Dann ist Schweigen: Empfangen.

Taizé

Die Disziplin des Schweigens mag manchem
als Last erscheinen; der Prophet aber betrachtet sie mehr
als Kraft denn als Last, wenn er sagt:»Im Schweigen
und in der Hoffnung wird eure Stärke sein«.

Bernhard von Clairvaux

Sei stille dem Herrn und warte auf ihn!

Ps 37, 7a

Stille ist mehr als Lautlosigkeit (...)
Stille ist wie ein Mantel, den die Seele über die Sinne
des Menschen wirft, eine Weitung des Herzens
ins Unendliche hinein, eine Kraft auch, das flüchtige Geräusch
zu vergessen und dem Ewigen offen zu sein.

———————————

Edzard Schaper

Text: Gerhard Tersteegen
Melodie: Helmut Duffe

Wenn es nur einmal so ganz stille wäre.
Wenn das Zufällige und Ungefähre
verstummte und das nachbarliche Lachen,
wenn das Geräusch, das meine Sinne machen,
mich nicht so sehr verhinderte am Wachen – :

Dann könnte ich in einem tausendfachen
Gedanken bis an deinen Rand dich denken
und dich besitzen (nur ein Lächeln lang),
um dich an alles Leben zu verschenken
wie einen Dank.

Rainer Maria Rilke

Causa diligendi Deum Deus est.

Ich habe oben gesagt: Der Grund der Liebe zu Gott ist Gott.
Ich habe wahr gesprochen, denn er ist sowohl Ursache wie auch
das Ziel der Liebe. Er selbst gibt die Gelegenheit, er
selbst schafft das Verlangen, er selbst erfüllt die Sehnsucht.

———————————————————

Bernhard von Clairvaux

Alles beginnt mit der Sehnsucht,
immer ist im Herzen Raum für mehr, für Schöneres,
für Größeres. Das ist des Menschen Größe und Not: Sehnsucht
nach Stille, nach Freundschaft und Liebe. Und wo Sehnsucht
sich erfüllt, da bricht sie noch stärker auf.

Fing nicht auch Deine Menschwerdung, Gott, mit dieser
Sehnsucht nach dem Menschen an? So lasse nun unsere Sehnsucht
damit anfangen, Dich zu suchen, und lass sie damit enden,
Dich gefunden zu haben.

Nelly Sachs

Wenn wir fliehen, Du folgst uns nach; kehren wir
Dir den Rücken, Du trittst uns vor's Angesicht; Du flehst voller
Demut, aber Du wirst verachtet. Aber weder Beschämung
noch Verachtung kann Dich dahin bringen, Dich von uns
abzuwenden; Du bist unermüdlich, uns zu jenen Freuden zu
ziehen, die kein Auge gesehen, die kein Ohr gehört hat und
die noch nie in eines Menschen Herz gekommen sind.

Bernhard von Clairvaux

mit dem Herzen hören:

vom Hören zum Glauben

Gott wohnt, wo man ihn einlässt.

Martin Buber

Auf diese innere Stimme also ermahnen wir euch,
die Ohren des Herzens auszurichten. (...) Im Grunde bedarf
es keiner Anstrengung, um für diese Stimme empfänglich
zu werden; mehr Mühe bedeutet es, die Ohren derart zu
verstopfen, dass man sie nicht hört. Diese Stimme bietet sich
selbst an, dringt von sich aus ein und hört nie auf, an der
Tür eines jeden Einzelnen zu pochen.

Bernhard von Clairvaux

Der Wissende spricht. Aber der Weise hört zu.

Alte Volksweisheit

Melodie aus England; Text: Pater Michael Hermes

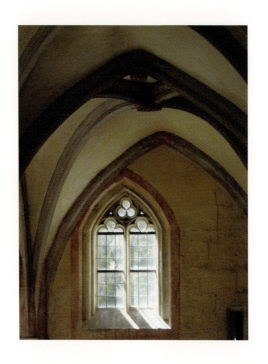

schweigen schweigen schweigen
schweigen schweigen schweigen
schweigen   schweigen
schweigen schweigen schweigen
schweigen schweigen schweigen

Eugen Gomringer

Das rechte Wort kommt aus dem Schweigen,
und das rechte Schweigen kommt aus dem Wort.

Dietrich Bonhoeffer

Der Einzige, der mich lehren kann, Gott zu finden,
ist Gott – er selbst, er allein.

———————————————

Thomas Merton

Wir müssen bereit werden,
uns von Gott unterbrechen zu lassen.

Dietrich Bonhoeffer

Meine Vermutung ist, dass wir die Sprache
für die wesentlichen Worte eher
wiedergewinnen, wenn
wir schweigen, wenn wir öfters still sein können.

Friedrich Walz

Nur aus der Heiligen Schrift lernen wir
unsere eigene Geschichte kennen.

Dietrich Bonhoeffer

Es gilt also, nach zwei Seiten hin zu horchen:
in die Überlieferung zurück, aus der wir kommen und
von der wir bestimmt sind, und ins eigene Herz.

Jörg Zink

Nicht mit den Füßen betrittst du den Garten
des Paradieses, sondern mit dem Herzen.

Bernhard von Clairvaux

Nicht im Begriff liegt die Frucht,
sondern im Begreifen.

Bernhard von Clairvaux

Das Schönste und Tiefste, was der Mensch erleben kann,
ist das Gefühl des Geheimnisvollen, es liegt der Religion sowie
allem tieferen Streben in Kunst und Wissenschaft zugrunde.
Wer dies nicht erlebt hat, scheint mir –
wenn nicht wie ein Toter – so doch wie ein Blinder.

Albert Einstein

Du wünschst zu sehen, – so höre zuerst.
Durch das Hören kommst du dem Sehen näher.

Bernhard von Clairvaux

Gewogen bist Du, Herr, der Seele, die Dich sucht.
Wieviel mehr bist Du für die, die Dich findet? Darin aber besteht
das Wunderbare, dass niemand Dich suchen kann, der Dich
nicht zuvor schon gefunden hat.
Du willst also gefunden werden, damit Du gesucht wirst,
und gesucht, damit Du gefunden wirst

———————————————

Bernhard von Clairvaux

Siehe, hier ist ein leeres Gefäß, das bedarf wohl,
dass man es fülle. Mein Herr, fülle es! Ich bin schwach im
Glauben; stärke mich. Ich bin kalt in der Liebe; wärme
mich und mache mich hitzig, dass meine Liebe herausfließe
auf meinen Nächsten. Ich habe nicht einen festen,
starken Glauben; ich zweifle zuzeiten und kann Gott
nicht gänzlich vertrauen. Ach Herr, hilf mir! (...)
Hier bei mir ist der Fluss der Sünde, in Dir aber ist alle Fülle
und Gerechtigkeit.

Martin Luther

Fülle erfahren:
von der Liebe zur Freude

Gott ist mir näher als ich mir selber bin.

Meister Eckhart

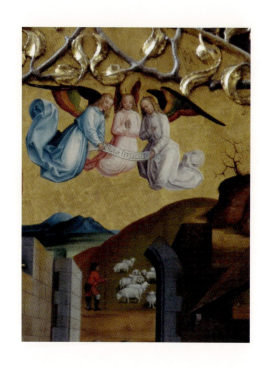

Dir wurde nicht gesagt:»Mühe Dich, den Weg
zur Wahrheit und zum Leben zu finden!« Nein. Träumer,
steh auf! Der Weg selbst ist zu dir gekommen und
hat dich vom Schlaf geweckt. Und wenn er
Dich wachgerüttelt hat, dann steh' auf und geh!

Aurelius Augustinus

Luft, die al - les fül - let,

drin wir im - mer schwe - ben,

al - ler Dinge Grund und Le - ben.

Text: Gerhard Tersteegen
Melodie: Helmut Duffe

Zuerst hat er selbst uns geliebt, er, der so Große,
so sehr uns, die so Kleinen, ohne Verdienst und so wie wir sind.
Deshalb habe ich, so entsinne ich mich, am Anfang gesagt:
Das Maß, Gott zu lieben, besteht darin, ohne Maß zu lieben.
(...) Überhaupt: Weil Liebe, die auf Gott sich richtet, sich auf
das Unermessliche richtet, sich auf das Unendliche richtet – denn
Gott ist unendlich und unermesslich – wie kann es dann noch,
frage ich, für unsere Liebe Grenze und Maß geben?

Bernhard von Clairvaux

Wie klein eine Liebe zu Gott, die
in ihm satt wird und nicht hungriger.

———————————————

Dorothee Sölle

Und je mehr dein Verstand zu fassen vermag,
desto kühner wird deine Sehnsucht.

Bernhard von Clairvaux

Je brennender der Eifer, je stürmischer der Geist,
und je überbordender die Liebe wird, desto wachsamer
muss das Verstehen sein, das den Eifer zügelt, den
Geist mäßigt und die Liebe in geordnete Bahnen lenkt.

_____

Bernhard von Clairvaux

Die Ros ist ohn Warum, sie blühet, weil sie blühet.

Angelus Silesius

Ich liebe, weil ich liebe.
Ich liebe, um zu lieben.

Bernhard von Clairvaux

Furcht ist nicht in der Liebe.

---

1. Joh. 4, 18a

In Gott ist nicht Traurigkeit noch
Leid noch Ungemach.

Meister Eckhart

Wie der stille See in dem tiefen Quell in
undurchdringlicher Finsternis seinen Grund hat,
so hat eines Menschen Liebe rätselhaft ihren
Grund in der Liebe Gottes.

Søren Kierkegaard

Wer Gott sucht, der findet Freude.

———————————————

Aurelius Augustinus

Du bist der Quell, nach dem mein Geist dürstet.
Du das Leben meiner Seele, Du meines Herzens Jubel.

Gertrud von Helfta

Freude ist die einfachste Form von Dankbarkeit.

Karl Barth

Es ist unmöglich, dass ein Mensch in die Sonne schaut,
ohne dass sein Angesicht hell wird.

Friedrich von Bodelschwingh

Ihr sollt nicht mitteilen wollen, bevor ihr angefüllt seid.

Bernhard von Clairvaux

Gib uns, Herr, die einfachen Worte zurück.
Die Worte, die Deinen Ruhm verkündigen, die Deine Ehre
zum Leuchten bringen. (...)

Gib uns, Herr, die Worte zurück, in denen Du Dein
Schweigen brichst zu allem, was uns so bedrängt, in denen
Du unser scheiterndes Leben zurückholst in das Leben,
das zu Dir und Deiner Ehre passt.

Gib uns, Herr, die Worte zurück, in denen Du aus
Deiner geheimnisvollen Verborgenheit heraustrittst mitten
hinein in die Dunkelheiten unserer Welt. (...)

Gib, Herr, unserem Leben die Einfachheit zurück, die Deine
Ehre in jedem Winkel dieser Welt leuchten lässt.

Klaus Bannach

105

einstimmen:

von der Fülle zur Feier

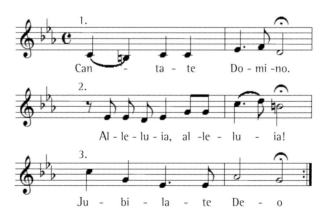

Musik: Jacques Berthier

Dem Gottesdienst soll nichts vorgezogen werden.

Regula Benedicti

Kommt herzu, lasst uns dem Herrn frohlocken
und jauchzen dem Hort unseres Heils!
Lasst uns mit Danken vor sein Angesicht kommen
und mit Psalmen ihm jauchzen!

Ps 95, 1f

Ehrerbietung ist Kriecherei, solange sie
nicht aus der Liebe kommt.

———————————————

Bernhard von Clairvaux

Du bist dein eigener Gott – und wunderst dich, dass
die Wölfe dich über die dunkle Öde des Wintereises jagen.

Dag Hammarskjöld

Wehe dem Menschen, der nichts mehr über sich hat!
Gott loben heißt, dorthin aufsteigen, wo das ist, von dem
der Mensch recht eigentlich lebt

Romano Guardini

Ich möchte nicht in einer Welt ohne Kathedralen
leben. Ich brauche ihre Schönheit und Erhabenheit. Ich
brauche sie gegen die Gewohnlichkeit der Welt.
Ich will zu leuchtenden Kirchenfenstern hinaufsehen und
mich blenden lassen von den unirdischen Farben. Ich
brauche ihren Glanz. Ich brauche ihn gegen die
schmutzige Einheitsfarbe der Uniformen. Ich will mich
einhüllen lassen von der herben Kühle der Kirchen.
Ich brauche ihr gebieterisches Schweigen. Ich brauche es
gegen das geistlose Gebrüll des Kasernenhofs und das
geistreiche Geschwätz der Mitläufer. Ich will den
rauschenden Klang der Orgel hören, diese Überschwem-
mung von überirdischen Tönen. (...) Ich liebe
betende Menschen. Ich brauche ihren Anblick. Ich
brauche ihn gegen das tückische Gift des Oberflächlichen
und Gedankenlosen. Ich will die mächtigen Worte der
Bibel lesen. Ich brauche sie gegen die Verwahrlosung der
Sprache und die Diktatur der Parolen. Eine Welt ohne
diese Dinge wäre eine Welt, in der ich nicht leben möchte.

Pascal Mercier

Das Stundengebet ist eine recht eigentümliche Sache zu beten. Es kommt nicht von Innen heraus, sondern man steigt in es hinein. Es ist da – zu bestimmten Zeiten, Stunden oder Horen, wie die Alten sagen. Wie Oasen, die da sind, um die Wüste durchqueren zu können.

Schwester Dorothea Krauß

Wenn wir Gottesdienst feiern, denken wir immer
an die Worte des Propheten: »Dient dem Herrn mit Furcht«,
»singt die Psalmen in Weisheit«, »vor dem Angesicht der
Engel will ich Dir Psalmen singen«. Beachten wir also, wie
wir vor dem Angesicht Gottes und seiner Engel sein
müssen, und stehen wir so beim Psalmensingen, dass Herz
und Stimme in Einklang sind.

Regula Benedicti

Voll Erhabenheit soll der Gesang sein sein, weder tändelnd
noch ungehobelt. Er soll so süß sein, dass er nicht belanglos ist:
Er soll die Ohren so liebkosen, dass er die Herzen bewegt.
Die Traurigkeit soll er lindern, den Zorn besänftigen; den Text
soll er nicht seines Sinnes entleeren, sondern ihn befruchten.

Bernhard von Clairvaux

Die Berührung zwischen Gott und der Seele ist Musik.

Bettina von Arnim

Im Gotteslob schwingt die Welt über sich hinaus.

Eberhard Jüngel

Herr, bleibe bei uns, denn es will Abend werden,
und der Tag hat sich geneiget.

Lk 24, 29 – Ingressus der Vesper

Vesper:

vom Ende des Tages zum Erbarmen Gottes

Herr, blei-be bei – uns; denn es will A - bend
wer - den, und der Tag hat sich ge - nei - get

Text: Lukas 24,29
Melodie: Albert Thate
© Bärenreiter – Verlag, Kassel

Und er ging hinein, bei ihnen zu bleiben.
Und es geschah, als er mit ihnen zu Tisch saß, nahm er
das Brot, dankte, brach's und gab's ihnen. Da wurden
ihre Augen geöffnet, und sie erkannten ihn. Und er
verschwand vor ihnen. Und sie sprachen untereinander:
Brannte nicht unser Herz in uns, als er mit uns redete
und uns die Schrift öffnete?

Lk 24, 29-32

Wir wissen, dass Bedrängnis Geduld bringt,
Geduld aber Bewährung, Bewährung aber Hoffnung.
Hoffnung aber lässt nicht zuschanden werden;
denn die Liebe Gottes ist ausgegossen in unsere Herzen
durch den Heiligen Geist, der uns gegeben ist.

Röm 5, 3b-5

Es ist wichtig, sich Menschen vor Augen zu stellen,
die bewußt gelitten haben: Leute, die wir kennen, die im Leiden
gütiger und nicht bitterer geworden sind, solche, die freiwillig
Leiden auf sich genommen haben um anderer willen.
Es gibt solche Menschen, und die Stärkung, die von ihnen
ausgeht, ist der Trost der Heiligen.

Dorothee Sölle

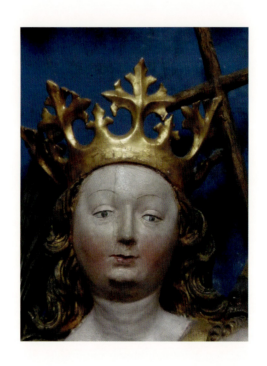

aus dem Magnificat Lk 1, 47-55:

»Meine Seele preist die Größe des Herren.«
Den Herrn preise groß, nicht dich selbst.
Wer sich selbst preist, entzieht Gott soviel an Ehre,
als dieser in ihm am Werk war.

»Denn der Mächtige hat Großes an mir getan.«
Deshalb werde ich nämlich von allen selig gepriesen,
weil ich von ihm selig gemacht und gleichsam als
Spiegel der Seligkeit allen vor Augen gestellt worden
bin. (...) Und weshalb hat er Großes (...) getan?
»Weil sein Name heilig ist.« Um seines Namens willen,
nicht wegen meines Verdienstes, hat er so Großes an
mir getan. Seinen Namen, der wunderbar, heilig
und unaussprechlich ist, wollte er an mir offenbaren.

Bernhard von Clairvaux

»Er zerstreut die im Herzen voll Hochmut sind.«

Was ist denn der Hochmut anderes als Staub, der in die Höhe gehoben und vom Wind zerstreut wird?

Bernhard von Clairvaux

»Er stößt die Gewaltigen vom Thron und erhebt die Niedrigen.«
Dir steht es zu, dich selbst zu demütigen, Gott, dich zu erhöhen.

Bernhard von Clairvaux

»Er denkt an sein Erbarmen«

Nimm wahr, dass am Ende dieses Liedes das Erbarmen steht.
Mit dem Erbarmen hat es begonnen, in das Erbarmen mündet
es am Ende, und überall handelt es vom Erbarmen.

───────────────

Bernhard von Clairvaux

Das ist meines Herzens Freude und Wonne,
wenn ich Dich loben kann mit fröhlichem Mund.

Ps 63, 6

Schlaf ein, mein Kind, weih deinen Mund
nur jenen Melodien,
die einen schweben lassen und
dich selbst noch aus der Hölle Schlund
bis in den Himmel ziehen.

Konstantin Wecker

Du Licht vom Lichte,
Du zeigst uns das Antlitz des Vaters,
in Liebe leuchtest Du, Jesu Christ.

---

aus der Liturgie der Sonntagsbegrüßung

Herr,
Du hast uns geschaffen, und unser Herz ist unruhig,
bis es Ruhe findet in Dir. Dein ist das Licht des Tages. Dein
ist das Dunkel der Nacht. Das Leben ist Dein und der Tod.
Ich selbst bin Dein und bete Dich an. Lass mich ruhen
in Frieden, segne den kommenden Tag und und lass mich
erwachen, Dich zu rühmen.

Aurelius Augustinus

Eine ruhige Nacht und ein seliges Ende
verleihe uns der Herr, der Allmächtige.

Ingressus der Komplet

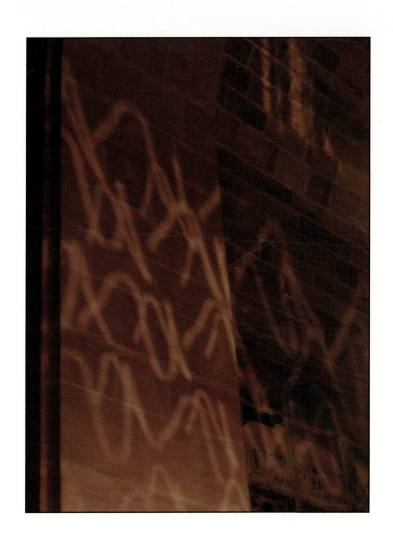

Komplet:
von der Bedrängnis der Nacht zum ewigen Frieden

Seid nüchtern und wacht, denn euer Widersacher,
der Teufel, geht umher wie ein brüllender Löwe

1.Petr. 5, 8

Ich glaube, dass Gott mich liebt. Aber nicht deshalb,
weil ich es verdient habe, oder gar, weil ich fehlerfrei bin.
Ich muss dann auch nicht in einer Gesellschaft von
Fehlerfreien leben. Ich kann anderen zugestehen, was ich
selber empfangen habe: Vergebung. Andere festnageln
auf ihr Versagen, Schuld ans Licht zerren und festschreiben,
das ist das Geschäft, das ein anderer betreibt. Er heißt
in der Bibel »Ankläger« oder »Verkläger«. Das hebräische
Wort dafür heißt »Satan«. Sein Werk sollen wir nicht tun.

Friedrich Walz

Gott aber erweist seine Liebe zu uns darin,
dass Christus für uns gestorben ist, als wir noch Sünder
waren. (...) Wenn wir mit Gott versöhnt worden
sind durch den Tod seines Sohnes, als wir noch Feinde
waren, um wieviel mehr werden wir selig werden durch
sein Leben, nachdem wir nun versöhnt sind.

Röm 5, 8.10

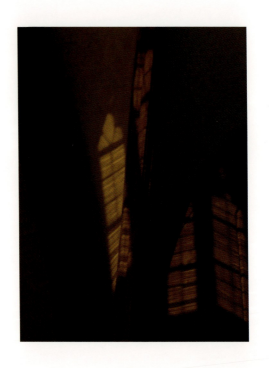

Ich habe die Nacht einsam hingebracht
in mancher inneren Abrechnung und habe schließlich (...)
die Psalmen gelesen, eines der wenigen Bücher,
in dem man sich restlos unterbringt, mag man noch so
zerstreut und ungeordnet und angefochten sein.

Rainer Maria Rilke

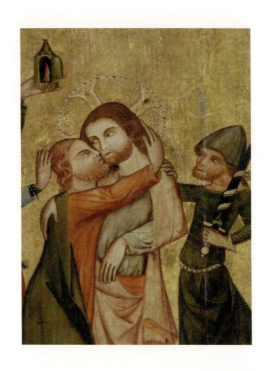

Meine Feinde reden Arges wider mich: »Wann wird
er sterben und sein Name vergehen?« Alle, die mich hassen,
flüstern miteinander über mich und denken Böses über
mich. »Unheil ist über ihn ausgegossen, wer so daliegt wird
nicht wieder aufstehen.« Auch mein Freund, dem ich
vertraute, der mein Brot aß, tritt mich mit Füßen. Du aber,
Herr, sei mir gnädig und hilf mir auf.

Ps 41, 6.8-10a

Der Beter weiß, dass er in der Not
das Gebet nicht erfinden muss. Worte der Rettung
findet man in der Not/Anfechtung so wenig
wie man sich selbst retten kann. Es sind die Worte
des Psalters, die Sprechen ermöglichen, wo Stummsein
Qual und Reverenz an den Tod und seine Agenten
wäre. Gott schenkt solche Gebete in der Nacht, Gebete
in dem Dunkel, das seit der Schöpfung seine unklare
Nähe zur vorgeschöpflichen Finsternis nicht verloren
hat. Zugleich ist diese Finsternis aber kein Raum, den
Gott an andere Mächte preisgäbe. Seine dagegen
gerichteten Waffen sind freilich anderer Art:
Geschenkte Gebete in der Nacht. Gebete vom und für
den lebendigen Gott, dessen leuchtendes Angesicht
Rettung für mein Angesicht ist. Gerettetes Leben von
Angesicht zu Angesicht – das ist die Botschaft
der Psalmen in der Nacht gegen Tod und Finsternis.

Hermann Spieckermann

Dennoch bleibe ich stets an Dir; denn Du hältst mich
bei meiner rechten Hand, Du leitest mich nach Deinem Rat
und nimmst mich am Ende in Ehren an. Wenn ich nur
Dich habe, so frage ich nichts nach Himmel und Erde. Wenn
mir gleich Leib und Seele verschmachtet, so bist Du doch,
Gott, allezeit meines Herzens Trost und mein Teil.

Ps 73, 23-26

Hoff - nung   die dunk - le Nacht er - hellt.

Hoff - nung, die nie - mals zu - sam-men-fällt.

Hoff-nung, Chri-stus schenkt sie   al - ler Welt.

W. Christlein

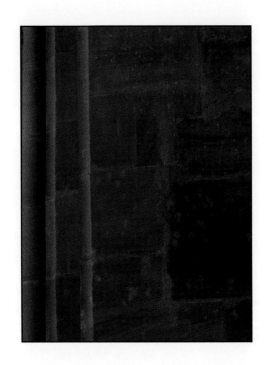

Nun sich das Herz zu Dir erhoben
und nur von Dir gehalten weiß,
bleib bei uns, Vater. Und zum Loben
wird unser Klagen. Dir sei Preis.

Jochen Klepper

Mit dem Morgen wird der Tag neu; mit dem Abend
schließt er ab. In jenem klingt jedesmal der Anfang des ganzen
Lebens, die Geburt, nach, in diesem entwirft sich das letzte
Ende, der Tod, voraus. Dazwischen liegen Arbeit und Kampf,
Werk und Schicksal, Wachstum, Fruchtbarkeit und Gefährdung.
Das alles kommt im Morgen- und Abendgebet zum Ausdruck.
Wenn diese fehlen, verwildert der Tag.

Romano Guardini

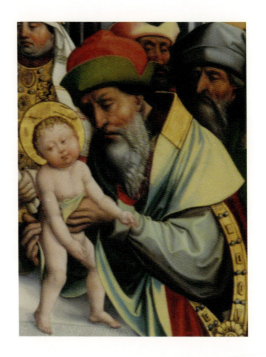

Herr, nun lässt du deinen Diener in Frieden fahren.
(...) Denn meine Augen haben deinen Heiland gesehen

Lk 2, 29f – aus dem ›Nunc dimittis‹

Es ist ein großes Wort, das er spricht, er werde
fröhlich und in Frieden sterben. Sieh sonst alle Menschen an,
wenn sie sterben: Da ist kein Friede im Herzen, sondern
das Herz pocht und schlägt, die Glieder zittern und beben, der
Mund verbleicht. Der Tod ist zu mächtig. (...) Der Mann hier
aber rühmet, dass er sterben wolle, als wenn gar kein Tod wäre.

Martin Luther

In Deine Hände befehle ich meinen Geist.
Du hast mich erlöst, Du treuer Gott. Bewahre mich in
dieser Nacht nach Deiner Gnade. Beschirme
mich unter dem Schatten Deiner Flügel. Ich preise
Dich, der war, der ist und der kommt. In Deine Hände
befehle ich meinen Geist jetzt und in Ewigkeit.

Altes Kirchengebet

Herr, tue meine Lippen auf,
dass mein Mund Deinen Ruhm verkündige.

Ps 51, 17 – Ingressus der Laudes

Laudes:

vom Morgenlicht der Schöpfung
zum Morgenglanz der Ewigkeit

Am Anfang schuf Gott Himmel und Erde. Und die Erde
war wüst und leer, und es war finster auf der Tiefe; und der
Geist Gottes schwebte auf dem Wasser. Und Gott sprach:
Es werde Licht! Und es ward Licht. Und Gott sah, dass das
Licht gut war. Da schied Gott das Licht von der Finsternis und
nannte das Licht Tag und die Finsternis Nacht. Da ward aus
Abend und Morgen der erste Tag.

Genesis 1, 1-5

Über dem neuen Tag steht der Herr, der ihn gemacht
hat. Alle Finsternis und Verworrenheit der Nacht mit ihren
Träumen weicht allein dem klaren Licht Jesu Christi und
seines erweckenden Wortes. Vor ihm flieht alle Unruhe, alle
Unreinheit, alle Sorge und Angst. Darum mögen in der Frühe
des Tages die mancherlei Gedanken und die vielen unnützen
Worte schweigen, und der erste Gedanke und das erste
Wort möge dem gehören, dem unser ganzes Leben gehört.

Dietrich Bonhoeffer

Lieb ist wohl allen das Licht, aber am liebsten denen, die lange in finsterer Nacht wandelten.

———————————————————————

Bernhard von Clairvaux

Nicht die Angst vor dem Tag,
nicht die Last der Werke, die ich zu tun vorhabe,
sondern der Herr weckt mich alle Morgen.

Dietrich Bonhoeffer

Stehen wir also endlich einmal auf! Die Schrift rüttelt
uns wach und ruft: »Die Stunde ist da, vom Schlaf aufzustehen.«
Öffnen wir unsere Augen dem göttlichen Licht, und hören
wir mit aufgeschrecktem Ohr, wozu uns die Stimme Gottes
täglich mahnt und aufruft: »Heute, wenn ihr seine Stimme hört,
verhärtet eure Herzen nicht!«

Regula Benedicti

Er (Altvater Poimen) erzählte von Abbas Pior:
Jeden Tag machte er einen Anfang.

---

ein Wüstenvater

1.
Aus - gang und Ein - gang,

2.
An - fang und En - de,

3.
lie - gen bei Dir, Herr,

4.
füll Du uns die Hän - de.

T/M: Joachim Schwarz

Durch die herzliche Barmherzigkeit unseres Gottes, (...) wird
uns besuchen das aufgehende Licht aus der Höhe, damit es erscheine
denen, die sitzen in Finsternis und Schatten des Todes

aus dem ›Benedictus‹, Lk 1, 78.79a

Es ist in der Tat ein anbrechender, ein neuer Tag,
der sich im Lobpreis des Zacharias ankündigt. Taufrisch meldet
sich in den Worten des alten Mannes Zukunft an: die Zukunft
dessen, der da kommen soll. (...) Die erste Helligkeit des
anbrechenden Tages wird zum Gleichnis für ein Licht, (...) das
das Dunkel unseres Kleinglaubens und die Finsternis unserer
Resignation vertreiben will. Und das auch tut. Denn dieses Licht
kommt direkt aus dem Herzen Gottes.

Eberhard Jüngel

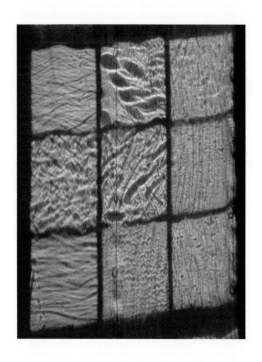

Wach auf, der du schläfst, und steh auf von den
Toten, so wird dich Christus erleuchten.

———————————————

Eph 5, 14b

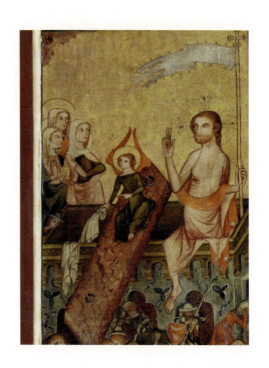

Im Wechsel von der Nacht zum Tag waltet ein
Rhythmus, der vom Dunkel ins Helle führt. Im natürlichen
Rhythmus von Nacht und Tag wird Gottes Gnade
täglich neu erfahrbar. Gleichzeitig weist dieser Wechsel hin
auf den geschichtlichen Weg, den die Schöpfung zu
gehen bestimmt ist, nämlich hin in einen Morgen, der die
Nacht nur noch als Vergangenheit kennt.

nach Hartmut Gese

Wie heimlicher Weise
Ein Engelein leise
Mit rosigen Füßen
Die Erde betritt,
So nahte der Morgen.

Jauchzt ihm, ihr Frommen,
Ein heilig Willkommen,
Ein heilig Willkommen!
Herz, jauchze du mit!

In Ihm sei's begonnen,
Der Monde und Sonnen
An blauen Gezelten
Des Himmels bewegt.

Du, Vater, du rate!
Lenke du und wende!
Herr, dir in die Hände
Sei Anfang und Ende,
Sei alles gelegt!

Eduard. Mörike

Herr, meine Zeit steht in Deinen Händen.

Ps 31, 16 – Ingressus des Mittagsgebetes

Mittagsgebet:
von der Höhe des Tages zur Fülle der Zeit

Bei Dir, Herr, ist die Quelle des Lebens,
in Deinem Lichte sehen wir das Licht.

---

nach Ps 36, 10

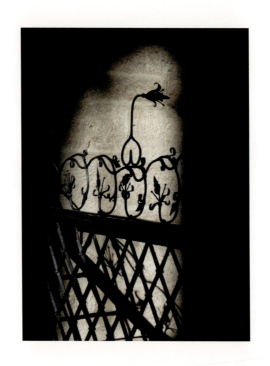

Du durch-drin - gest al - les;

lass Dein schön - stes Lich - te,

Herr, berühren mein Ge - sich - te

Text: Gerhard Tersteegen
Melodie: Helmut Duffe

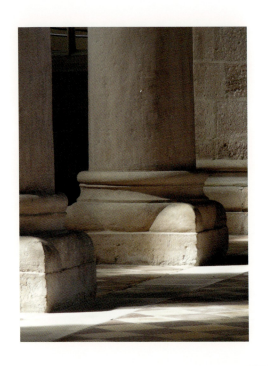

Die Zeit ist Zeichen und Spur der Ewigkeit.

Aurelius Augustinus

Immer wieder lebt in der Mittagsstunde des christlichen
Tages das Geheimnis des Menschheitsmittags auf. Durch alle
Zeiten klingt die Fülle der Zeit.
Unser ganzes Leben sollte der Ewigkeit Nachbar sein. Immer
sollte in uns die Stille sein, die nach der Ewigkeit hin
offensteht und horcht. Aber das Leben ist laut und überschreit
sie. So sollten wir wenigstens in der geweihten Mittagsstunde,
im »Engel des Herrn« innehalten, wegschieben, was sich
herandrängt, stille stehen und auf das Geheimnis horchen,
darin »das ewige Wort, als alles in tiefem Schweigen lag, vom
königlichen Stuhle herabstieg«; einmal in äußerem geschichtlichen Geschehen, aber immer aufs neue in jeder Seele.

Romano Guardini

Maria sprach: Siehe, ich bin die Magd des
Herrn. Mir geschehe nach deinem Wort.

aus dem ›Angelus‹ – Lk 1, 38

Selig sind, die da geistlich arm sind;
denn ihrer ist das Himmelreich.

Mt 5, 3

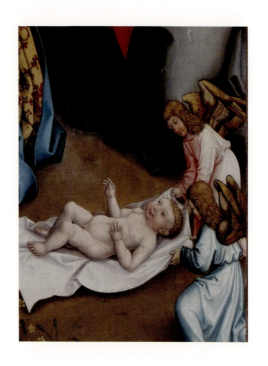

Und das Wort ist Fleisch geworden
und hat unter uns gewohnt.

---

aus dem ›Angelus‹ – Joh 1, 14

Es war einmal ein frommer Mann, der wollte schon in diesem Leben in den Himmel kommen. Darum bemühte er sich ständig in den Werken der Frömmigkeit und Selbstverleugnung. So stieg er auf der Stufenleiter der Vollkommenheit immer höher empor, bis er eines Tages mit seinem Haupte in den Himmel ragte. Aber er war sehr enttäuscht: Der Himmel war dunkel, leer und kalt. Denn Gott lag auf Erden in einer Krippe.

Martin Luther

ora et labora – bete und arbeite

Summe der Benediktsregel

Die Hände, die zum Beten ruhn,
die macht er stark zur Tat.
Und was der Beter Hände tun,
geschieht nach seinem Rat.

Jochen Klepper

Die Leute, die niemals Zeit haben, tun am wenigsten.

Georg Christoph Lichtenberg

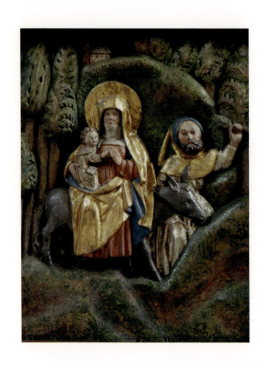

Die Tugend des Alltags ist die Hoffnung, in der
man das Mögliche tut und das Unmögliche Gott
zutraut.

———————————————————————

Karl Rahner

Die Zeit ist, was ihr seid, und ihr seid, was die Zeit,
Nur daß ihr wenger noch, als was die Zeit ist, seid.
Ach daß doch jene Zeit, die ohne Zeit ist, käme
Und uns aus dieser Zeit in ihre Zeiten nähme

———————————————

Paul Fleming

Verleihe mir, allmächtiger Gott, dass ich alles,
was Dein Wille ist über meinem Leben, umsichtig erforsche,
wahrhaft erkenne und vollkommen erfülle.

Ordne mein Leben so, wie es Dir zur Ehre und mir zum
Heil sein kann. Gib mir dazu, o Herr, ein starkes Herz, ein
freies Herz, ein rechtschaffenes Herz, ein wachsames Herz,
ein unwandelbares Herz.

Mache mich schlicht ohne Überheblichkeit, ernst
ohne Trauer, wahrhaft ohne Täuschung, mutig ohne Furcht,
fröhlich ohne Leichtsinn. Lass meinen Weg gerade und
sicher zum Ziel kommen. Lass mich immer auf Dich hoffen,
liebreicher Gott meines Lebens.

Thomas von Aquin

in Verschiedenheit gemeinsam:
vom Lob Gottes zur Gemeinschaft der Glaubenden

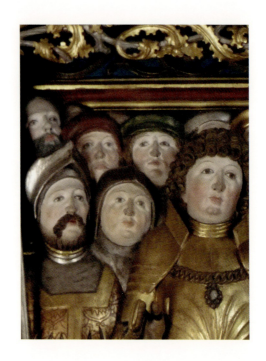

Viele Stimmen sind nötig, um auf das Wort zu antworten.

———————————————

Jean-Louis Chrétien

So wie eine Kerze an der Flamme einer anderen angezündet wird, so entfacht sich Glaube an Glauben. Gewiss ist Gott es, der ihn wirkt, aber er wirkt ihn im Menschenwesen. Und so ist der Mensch dem Menschen Weg zu Gott.

Romano Guardini

Am Anfang steht nicht die Einsamkeit
des Einen, eines ewigen, einzigen, unendlichen
Seins. Am Anfang ist die Gemeinschaft der
drei Einzigen.

Gemeinschaft ist die am tiefsten Grund alles
Existierenden liegende und dic alles grund-
legende Wirklichkeit. Dank der Gemeinschaft gibt
es Liebe, Freundschaft, Wohlwollen und Schenken
zwischen menschlichen und göttlichen Personen.

Die Gemeinschaft der Dreifaltigkeit ist nicht in
sich selbst verschlossen, sondern öffnet sich nach
außen. Alles, was geschaffen ist, stellt eine
Entfaltung von Leben und Gemeinschaft der drei
göttlichen Personen dar. Alle Kreaturen, vor
allem die Menschen, sind eingeladen, sich auf
das Gemeinschaftsspiel untereinander und mit den
göttlichen Personen einzulassen.

Treffend sagt Jesus selbst: »Alle sollen eins
sein. Wie du, Vater, in mir bist und ich in dir bin,
sollen auch sie in uns sein« (Joh 17, 21).

Leonardo Boff

Es war einmal ein alter Gaukler.
Sein Leben lang war er von Ort zu Ort gezogen,
hatte tanzend und springend die Menschen
erheitert – nun war er des unsteten Lebens müde.
»Von nun an«, so beschloss er, »will ich meine Tage
in einem Kloster zubringen. Habe ich nicht schon
immer die schönen Gesänge der Mönche in ihren
langen Gewändern geliebt? Wird nicht hier meine
Seele Ruhe finden?« Doch als er ein paar Wochen
im Kloster verbracht hatte, wurde er mehr und mehr
unglücklich. Er fand keine Stimme um zu singen,
er fand keine Worte um zu beten. Beschämt stand
er dabei, stumm. Das Leben der Mönche blieb
ihm fremd. Eines Tages nun, als die Glocke zum
Stundengebet rief, schlich er sich weg und verbarg
sich in einer Seitenkapelle. Und da geschah es, dass
ihm das Herz voll wurde, und er begann langsam
zu tanzen. Und er tanzte mit Leib und Seele bis er
nicht mehr konnte. Entsetzt sah er da den Abt
in der Türe stehen. »Ich weiß, ich bin es nicht würdig,
eurer Gemeinschaft anzugehören, ich passe nicht
dazu. Noch heute werde ich das Kloster verlassen«,
stammelte er. Da verbeugte sich der Abt vor ihm und
sprach: »Auf diese deine Weise hat noch keiner von
uns Gott gelobt. Bitte bleib bei uns!«

---

nach einer alten Legende

235

Wenn auch jeder seine eigene Last zu tragen hat,
wenn auch jeder in irdischen Angelegenheiten bisweilen
seine eigene Ansicht hat, wenn auch immer wieder
die Gnadengaben verschieden sind, und offensichtlich
auch nicht alle Glieder dieselbe Aufgabe haben
(Römer 12, 4), so verknüpft doch die innere Einheit und
Einmütigkeit auch diese Vielfalt und bindet sie
zusammen durch den Leim der Liebe und durch das
Band des Friedens.

Bernhard von Clairvaux

Leben kann sich nur entfalten,
wenn sich Schweigen und Sprechen, Alleinsein
und Gemeinschaft, die Waage halten.

Henri Nouwen

Die christliche Gemeinschaft ist kein geistliches Sanatorium.

Christliche Bruderschaft ist nicht ein Ideal, das wir zu verwirklichen hätten, sondern es ist eine von Gott in Christus geschaffene Wirklichkeit, an der wir teilhaben dürfen. (...) darum treten wir nicht als die Fordernden, sondern als die Dankenden und Empfangenden in das gemeinsame Leben mit anderen Christen ein. Wer seinen Traum von einer christlichen Gemeinschaft mehr liebt als die christliche Gemeinschaft selbst, der wird zum Zerstörer jeder christlichen Gemeinschaft, und ob er es persönlich noch so ehrlich, noch so ernsthaft und hingebend meinte.

Dietrich Bonhoeffer

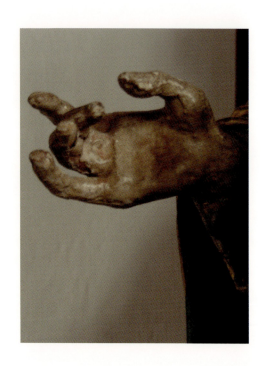

Die Kirche befriedigt nicht Erwartungen,
sie feiert Geheimnisse.

Carlo Maria Kardinal Martini

Selig der Mensch, der den Nächsten in seiner Unzulänglichkeit genauso erträgt, wie er ertragen werden möchte.

Franz von Assisi

nach Röm 15, 7

Es ist ein alter Brauch der Klöster, dass in der Abendandacht der Abt nach fester Ordnung seine Brüder um Vergebung bittet für alle an den Brüdern begangene Versäumnis und Schuld, und dass nach dem Vergebungswort der Brüder diese gleicherweise den Abt um Vergebung ihrer Versäumnisse und Schuld bitten und von ihm die Vergebung empfangen. »Lasset die Sonne nicht über eurem Zorn untergehen« (Eph 4, 26). Es ist eine entscheidende Regel jeder christlichen Gemeinschaft, dass alle Zertrennung, die der Tag angerichtet hat, am Abend geheilt sein muss. Es ist gefährlich für den Christen, sich mit unversöhntem Herzen schlafen zu legen.

Dietrich Bonhoeffer

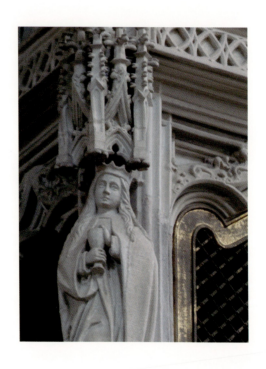

Donnerstag

Du hast das Brot erkoren und den Wein,
um Dich in ihnen zu gestalten.
Nun fällt von dort geheimnisvoll ein Schein
auf jede Mahlzeit, die wir halten.

Manfred Hausmann

Alle christliche Gemeinschaft lebt zwischen Wort
und Sakrament, sie entspringt und sie endet
im Gottesdienst. Sie wartet auf das letzte Abendmahl
mit dem Herren im Reich Gottes.

Dietrich Bonhoeffer

Vergesst nie, wenn ihr ein Kreuz an einer Kette am Hals tragt, wenn ihr es in eure Zimmer hängt, oder wenn ihr es in einer Kirche betrachtet, wo es wohlgeformt, golden und mit Edelsteinen besetzt, zum Beten einlädt, vergesst nie, dass es kein Schmuckstück ist, sondern das Zeichen für Leid und Tod, und das Zeichen der Hoffnung.

Hubert Röser

O Herr,

mache mich zu einem Werkzeug Deines
Friedens. dass ich Liebe übe, wo man sich
hasst, dass ich verzeihe, wo man sich
beleidigt, dass ich verbinde, da, wo Streit
ist, dass ich die Wahrheit sage, wo Irrtum
herrscht, dass ich den Glauben bringe,
wo Zweifel drückt, dass ich Hoffnung
wecke, wo Verzweiflung quält, dass ich ein
Licht anzünde, wo Finsternis regiert, dass
ich Freude mache, wo der Kummer wohnt.

Ach Herr, lass Du mich trachten: Nicht
dass ich getröstet werde, sondern dass ich
tröste; nicht dass ich verstanden werde,
sondern dass ich verstehe; nicht dass ich
geliebt werde, sondern dass ich liebe.

Denn wer da hingibt, der empfängt; wer
sich selbst vergisst, der findet; wer ver-
zeiht, dem wird verziehen; und wer stirbt,
erwacht zum ewigen Leben.

---

aus franziskanischer Tradition

hungrig nach Gerechtigkeit und Frieden:

von der Gottesliebe zum Dienst

Nicht mit zu hassen,
mit zu lieben bin ich da.

Sophokles (Antigone)

Tu weg von mir das Geplärr deiner Lieder,
denn ich mag dein Harfenspiel nicht hören! Es ströme
aber das Recht wie Wasser und die Gerechtigkeit
wie ein nie versiegender Bach.

Amos 5, 23f

O se - lig al - le, die zu je - der Zeit

hun - gert und dür - stet nach Ge-rech-tig - keit; sie

wer - den satt, hier und in E - wig - keit. Hal -

- le - lu - ja. Hal - le - lu - ja.

Text: Christian Schmidt
Melodie: R. V. Williams

Selig sind, die Frieden stiften, denn sie werden
Söhne Gottes genannt werden.

Mt 5, 9

Es gibt den friedfertigen Menschen, der Gutes mit
Gutem vergilt, weil es seine Natur ist, dass er keinem schaden
will. Es gibt den Geduldigen, der nicht Böses mit Bösem
vergilt und der darüber hinaus die Kraft hat, den, der ihn
schädigt, zu ertragen. Und es gibt endlich den Friedenstifter,
der Gutes für Böses vergilt und sogar bereit ist, dem, der
ihn schädigt, von Nutzen zu sein.

Bernhard von Clairvaux

Kein Gift, kein Schwert fürchte ich so sehr
wie die Leidenschaft zu herrschen.

Bernhard von Clairvaux

Wer liebt herrscht ohne Gewalt
und dient, ohne Sklave zu sein.

———————————————

Zenta Maurina

Etwas großes ist die Liebe, aber nur, wenn sie
zu ihrem Urgrund zurückkehrt, wenn sie sich ihrem Ursprung
wieder zurückgibt, wenn sie wieder zurückfließt zu
ihrer Quelle und von dieser immer empfängt, wovon sie
nie versiegend strömen kann.

Bernhard von Clairvaux

Wer liebt liebt die Liebe. Die Liebe bildet folglich einen Kreis, der so vollkommen ist, dass die Liebe kein Ende hat.

Bernhard von Clairvaux

Nicht die Vollkommenen, sondern die
Unvollkommenen brauchen unsere Liebe.

Oskar Wilde

Die Liebe Gottes findet das Liebenswerte
nicht vor, sondern erschafft es sich.
Die Liebe des Menschen dagegen entzündet sich
an dem, was schon liebenswert ist.

Martin Luther

Du kannst nicht alle Not der Welt lindern,
aber du kannst einem Menschen Hoffnung geben.

Albert Schweitzer

Die Restauration der Kirche kommt gewiss
aus einer Art neuen Mönchtums, das mit dem alten nur
die Kompromisslosigkeit eines Lebens nach der
Bergpredigt in der Nachfolge Christi gemeinsam hat.

Dietrich Bonhoeffer

Der Einsatz sucht uns, nicht wir den Einsatz.
Darum bist du ihm treu, wenn du wartest,
b e r e i t.
Und handelst, wenn du vor der Forderung stehst.

Dag Hammarskjöld

Man mag fragen, warum es selbst unter Christen
so wenig geistige Selbständigkeit gibt, so viel Respekt vor
zeitgebundenen Meinungen, so viel Ehrfurcht vor der
augenblicklichen Macht und so wenig Unabhängigkeit des
Urteils und des praktischen Eingreifens. (...) Wir sind keine
Propheten, aber zweierlei gilt auch für uns. Zum einen:
Glaube muss widerstandsfähig werden. Und zum anderen:
Nur wer aufrecht zu stehen vermag kann sinnvoll knien.

Jörg Zink

Es wäre eine Schande, ein wehleidiges Glied zu sein
unter einem dornengekrönten Haupt.

Bernhard von Clairvaux

Wie leicht ist es für mich, mit Dir zu leben,
Herr! An Dich zu glauben, wie leicht ist das für mich.
Wenn ich zweifelnd nicht mehr weiter weiß,
und meine Vernunft aufgibt, wenn die klügsten Leute
nicht weitersehen als bis zum heutigen Tag und
nicht wissen, was man morgen tun muss, – dann
sendest Du mir eine unumstößliche Gewissheit, dass
Du da bist und dafür sorgen wirst, dass nicht alle
Wege zum Guten versperrt sind.

Alexander Solschenizyn

Gott im Gesicht der Armen:
von der Solidarität zur Demut

Was ihr getan habt einem von diesen
meinen geringsten Brüdern, das habt ihr mir getan.

Mt 25, 40

Den Nächsten lieben heißt Gott in seinem Bilde lieben.

Nikolaus von Kues

Haben und nicht geben ist in manchen
Fällen schlechter als stehlen.

Marie von Ebner-Eschenbach

Man soll sich gönnen, soviel man will,
solange man darauf bedacht ist, genausoviel
seinem Nächsten zukommen zu lassen.

So wird dir ein Zügel der Mäßigung angelegt.

———————————————

Bernhard von Clairvaux

Die Gier hat immer einen schreienden Mund,
das glückliche Maß stets einen süßen Grund.

Mechthild von Magdeburg

Alles, was du nicht zu geben weißt, besitzt dich.

———————————

André Gide

Der Geist wird reich durch das, was er empfängt,
das Herz durch das, was es gibt.

Victor Hugo

Was nicht geteilt werden kann, ist nicht wert,
besessen zu werden.

Volksweisheit

Gebt denen, die hungern, von eurem Reis.
Gebt denen, die leiden, von eurem Herzen.

---

aus China

Komm in unser reiches Land,
der Du Arme liebst und Schwache,
dass von Geiz und Unverstand
unser Menschenherz erwache.
Schaff aus unserm Überfluss
Rettung dem, der hungern muss.

Hans von Lehndorff

Die Armen sind der wahre Schatz der Kirche

Laurentius

Wenn die Kirche befreiend wirken will, muss sie
die historische Macht der Armen anerkennen (...)
und sich mit dem Volk auf den Weg machen.
Nur dann kann die Kirche eine befreiende Kirche
sein, weil sie dann endlich aufgehört hat,
die Armen mit den Augen der Reichen zu sehen.

Leonardo Boff

Der Herr ist nahe denen, die zerbrochenen Herzens sind,
und hilft denen, die ein zerschlagenes Gemüt haben.

Ps 34, 19

Wenn es eine Tugend gibt, die dem Teufel Angst
einjagt, so sind es Demut und Mitleid.

***

Mutter Teresa

Durch die Demut haben einige sogar die Tore
ihrer Feinde eingenommen. Welche Tugend ist nämlich
gleichermaßen mächtig, den Übermut der Dämonen
und die Gewaltherrschaft der Menschen niederzuringen?

Bernhard von Clairvaux

Macht Mü - de stark, macht
Wü - sten grün: Gott will mit
uns ins Le - ben ziehn

Text: O. G. Holze (nach Jes 40)
Melodie: H. Förster

Herr,

was ist meine Zuversicht, die ich in diesem Leben
habe, oder was von allen Dingen unter dem Himmel wäre
mir ein größerer Trost? Bist nicht Du es, Herr, mein Gott,
dessen Erbarmen kein Maß kennt? Wo war mir jemals wohl
ohne Dich? Oder wann könnte es mir in Deiner Gegenwart
je schlecht ergehen?

Lieber will ich Deinetwegen arm sein als reich ohne Dich.
Ich ziehe es vor, mit Dir auf Erden als ein Fremder
unterwegs zu sein, als ohne Dich den Himmel zu besitzen.
Wo Du bist, da ist der Himmel; und dort ist Tod und Unter-
welt, wo Du nicht bist. (...) Du bist meine Hoffnung, Du
meine Zuversicht, Du mein Tröster und der Treueste in allem.

Thomas von Kempen

maranata – unser Herr, komm:

von der Hoffnung zur Vollendung

Das Volk, das im Finstern sitzt, – ein
großes Licht hat es gesehen. Und denen, die
im Land und im Schatten des Todes sitzen,
– ein Licht ist ihnen aufgegangen.

Mt 4, 16

Es muß ein gar kräftig Leben sein, in dem tote Dinge lebendig werden, in dem sogar der Tod ein Leben wird!

Meister Eckhart

Die Unterfassung aller Sünde durch die
unendliche Liebe Gottes legt den Gedanken nahe,
dass die Sünde, das Böse, e n d l i c h sein muss
und an der sie umgreifenden Liebe auch ihr Ende findet.

Hans Urs von Balthasar

Gott leidet in dieser Welt überall dort, wo Unrecht gelitten wird. (...) Sich zu diesen Leiden zu stellen heißt an dem Leiden Gottes in dieser Welt teilzunehmen.

Albrecht Schönherr

Gerade indem er sich vor dem Vergehen nicht
scheut, bleibt Gottes Sein mitten im Vergehen im Kommen.

———————————————————

Eberhard Jüngel

Gnade ist kein bleibendes Ding,
sie ist immer in einem Werden. Sie kann nur
fließen aus Gottes Herzen ganz unmittelbar.

———————————————————

Meister Eckhart

Das Kreuz ist eine Last von der Art wie es die Flügel
für die Vögel sind. Sie tragen aufwärts.

Bernhard von Clairvaux

Seid nicht traurig wie die andern, die ohne Hoffnung sind.

---

nach 1. Thess 4, 13

Was wir im Auge haben, das prägt uns, dahinein werden wir verwandelt. Und wir kommen, wohin wir schauen.

Heinrich Spaemann

Wir sehen jetzt durch einen Spiegel ein dunkles Bild, dann aber von Angesicht zu Angesicht. Jetzt erkenne ich stückweise; dann aber werde ich erkennen, wie ich erkannt bin.

_____

1. Kor 13, 12

Mein Gott, Du bist die Vollendung und das letzte Ziel
alles Guten. Du liebst bis zum Ende, was Du
erwählst. Gottheit, am Ende der Zeiten bist Du nach allen
Seiten hin ausgegossen. Gott wird alles in allem sein!

———————————————

Gertrud von Helfta

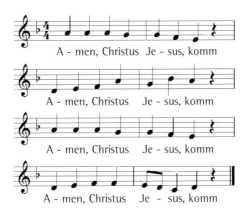

Text: Kurt Rose
Musik: Fritz Baltruweit

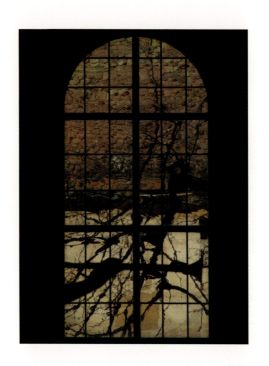

Maranata

---

1. Kor 16, 22

miteinander in der einen Welt:

Partnerschaft Kongo: vom Geben zum Empfangen

Ein einzelner Armreif klappert nicht.

---

aus dem Kongo

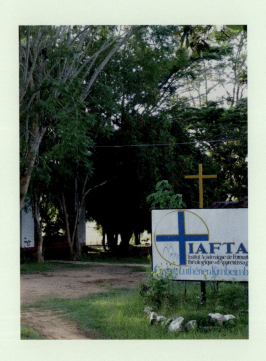

Schöne Dinge wachsen inmitten der Dornen.

———————————————

aus dem Kongo

Glauben heißt durch den Horizont blicken.

———————————————

aus Afrika

Danken heißt sich vor Gott hinsetzen und sich freuen.

---

aus Afrika

Herr, ich werfe meine Freude
wie Vögel an den Himmel. Die Nacht
ist verflattert, und ich freue mich
am Licht. Deine Sonne hat den Tau weg-
gebrannt vom Gras und von unseren
Herzen. Was da aus uns kommt,
was da um uns ist an diesem Morgen,
das ist Dank.

Herr, ich bin fröhlich heute am Morgen.
Die Vögel und Engel singen,
und ich jubiliere auch. Das All und
unsere Herzen sind offen für Deine Gnade.

Ich fühle meinen Körper und danke.
Die Sonne brennt meine Haut, ich danke.
Das Meer rollt gegen den Strand,
ich danke. Die Gischt klatscht gegen
unser Haus, ich danke.

Herr, ich freue mich an der Schöpfung
und dass Du dahinter bist
und daneben und davor und darüber
und in uns.

———————————————

aus Ghana

Wir kommen hier zu-sammen und fei-ern mit-ein-an-der und sin-gen uns-re Je-sus-me-lo-die: A - san-te sa - na Ye - su, a - san-te sa-na Ye - su, a - san - te sa-na Ye-su mo-yo -ni.

aus dem Kongo

In schwarzer Nacht auf schwarzem Stein
eine schwarze Ameise. Gott sieht sie.

---

aus Afrika

Wo Gott dich hingesät hat, sollst du blühen.

---

aus Afrika

Es ist das Herz, das gibt. Hände geben nur her.

---

aus dem Kongo

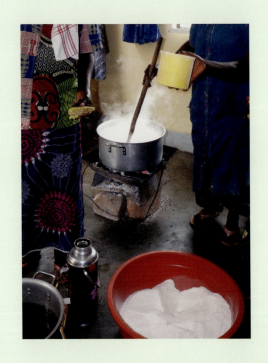

Ich bin im Gefängnis gewesen
und ihr seid zu mir gekommen.

———————————

Mt 25, 36c

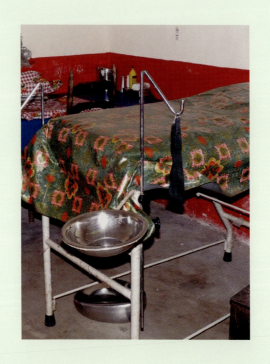

Niemand kann einem anderen die Tränen trocknen,
ohne sich selbst die Hände nass zu machen.

---

aus dem Kongo

Du lernst einen Baum kennen,
wenn Du Dich an ihn lehnen willst.

———————————————

aus dem Kongo

Zum Baum, der keine Früchte trägt, führt kein Weg.

---

aus dem Kongo

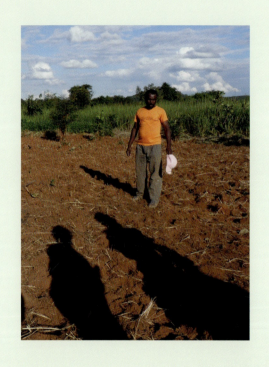

Schätze deine Größe nicht nach deinem Schatten.

———————————————

aus dem Kongo

.

Man diskutiert nicht mit Gott.

———————————

aus dem Kongo

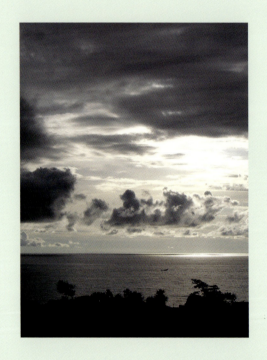

Halte ein Ohr an den Erdboden,
dann ist das andere für den Himmel offen.

---

aus Afrika

Wer andere besucht, soll seine Augen
öffnen und nicht den Mund.

---

aus Afrika

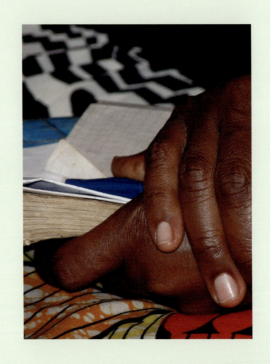

Lass mich langsamer gehen, Herr.

Entlaste das eilige Schlagen meines Herzens
durch das Stillwerden meiner Seele. Lass
meine hastigen Schritte stetiger werden mit
dem Blick auf die Weite der Ewigkeit.

Gib mir inmitten der Verwirrung des Tages die
Ruhe der ewigen Berge. Löse die Anspannung
meiner Nerven und Muskeln durch die sanfte
Musik der singenden Wasser, die in meiner
Erinnerung lebendig sind. Lass mich die Zauber-
kraft des Schlafes erkennen, der mich erneuert.
Lehre mich die Kunst des freien Augenblicks.

Lass mich langsamer gehen, um eine Blume
zu sehen, ein paar Worte mit einem Freund zu
wechseln, einen Hund zu streicheln, ein
paar Zeilen in einem Buch zu lesen. Lass mich
langsamer gehen, Herr, und gib mir den
Wunsch, meine Wurzeln tief in den ewigen
Grund zu senken, damit ich emporwachse zu
meiner wahren Bestimmung.

---

aus Südafrika

Hoffnung ist der Pfeiler der Welt.

---

aus Afrika

Ich weiß wohl, was ich für Gedanken über euch habe,
spricht der HERR: Gedanken des Friedens und nicht
des Leides, dass ich euch gebe Zukunft und Hoffnung.

Jeremia 29,11

Textnachweis

Quellenangaben zu Bernhard von Clairvaux beziehen sich auf Migne, Patrologia, S. Bernardi abbatis primi claraevallensis opera omnia, 1854, 5 Bände; zitiert werden die einzelnen Schriften mit ihren Kapiteln.

10	Bernhard von Clairvaux, Über die Besinnung, II. 3./ V. 6.
15	Meister Eckhart, Schriften, Herman Büttner (übertragen und eingeleitet) Jena 1934, S.61
17	Bernhard von Clairvaux, Über die Besinnung, 1. Buch V. 6.
19	Friedrich Nietzsche, aus: Also sprach Zarathustra, Leipzig 1910, S.271f
21	Oskar Wilde, Quelle unbekannt
23	Schleiermacher, Monologen, Leipzig 1914^2, 29f S.24
25	Wilhelm Raabe, Eingangssatz von „Alte Nester", Braunschweig 1880
27	aus der Tradition der Wüstenväter, Migne PGL 1864, Bd.65 Sp. 283
29	Bernhard von Clairvaux, Quelle unbekannt
31	Taizé nach einer Textmitschrift vom 12.10.1977
33	Bernhard von Clairvaux unter Bezug auf Jes.30,15, Brief 385, an die Mönche von Saint Bertin, 3.
35	Edzard Schaper, Die Weihnachtsgeschichte, Zürich 1950, S.31
37	Text: Gerhard Tersteegen, Der Weg in die Weite, hg. E. Schacht, Hamburg 1938, S.130; Melodie: Helmut Duffe
39	Rainer Maria Rilke, Stundenbuch, Insel TB 1972, S.13f
41	Bernhard von Clairvaux, Über die Gottesliebe, VII. 22.
43	„Alles beginnt mit Sehnsucht", aus Nelly Sachs, Zeichen im Sand. © Suhrkamp Verlag, Frankfurt am Main 1962, S. 82
45	Bernhard von Clairvaux, Quelle unbekannt, von Gertrud von Helfta zitiert in: Gesandter der göttlichen Liebe, Buch II, III
48	Martin Buber, Werke III, Kösel 1963, S.738
49	Bernhard von Clairvaux, Über die Bekehrung I. 2. / II. 3.
51	Werk: Silent be and listen, Melodie aus England, Text: Pater Michael Hermes, © Benediktiner Abtei Königsmünster, Meschede
53	Eugen Gomringer, in: Konkrete Poesie, 1969, S.58
55	Dietrich Bonhoeffer, aus Gemeinsames Leben, DBW 5, S. 58 Alle Zitate D. Bonhoeffers in diesem Buch sind aus Gemeinsames Leben / Das Gebetbuch der Bibel © 1993 Gütersloher Verlagshaus, Gütersloh, in der Verlagsgruppe Random House GmbH
57	Thomas Merton, Christliche Kontemplation, Claudius Verlag, München 2010, S. 70
59	Dietrich Bonhoeffer, aus: Gemeinsames Leben, DBW 5 S.84

61 Friedrich Walz, Das Leben ist der Weg, München 1985, S.44
63 Dietrich Bonhoeffer, aus: Gemeinsames Leben, DBW 5 S.47
65 Jörg Zink, Dornen können Rosen tragen,
   Mystik – die Zukunft des Christentums, S. 32
   © Verlag Herder GmbH, Freiburg i. Br., 2009
67 Bernhard von Clairvaux, Über die Bekehrung XIII. 25.
69 Bernhard von Clairvaux, Über die Besinnung, 5.Buch XIII. 27.
71 Albert Einstein, aus Einsteins Notizen zu einer Rundfunkrede 1932
73 Bernhard von Clairvaux, 41. Predigt über das Hohelied, II. 2.
75 Bernhard von Clairvaux, Über die Gottesliebe VII. 22.
77 Martin Luther, Roths Sommerpostille 1526, WA Schriften, 10. I. 2.Band,
   S.438
81 Meister Eckhart, Deutsche Predigten und Traktate, ausgew., übertr. und
   eingel. Friedrich Schulze-Maizier Leipzig 1938, Predigt über Lk 21,31
   S.192
83 Aurelius Augustinus, Quelle unbekannt
85 Text: Gerhard Tersteegen, Der Weg in die Weite, hg. E. Schacht, Hamburg
   1938, S.131; Melodie: Helmut Duffe
87 Bernhard von Clairvaux, Über die Gottesliebe, VI. 16.
88 Dorothee Sölle, Gedicht-Auszug aus „Die revolutionäre Geduld",
   Gedichte © Wolfgang Fietkau Verlag, Kleinmachnow
89 Bernhard von Clairvaux, Quelle unbekannt
91 Bernhard von Clairvaux, 49. Predigt über das Hohelied II. 5.
92 Angelus Silesius, Cherubinischer Wandersmann I, 289, Frankfurt/Main
   1701
93 Bernhard von Clairvaux, 83. Predigt über das Hohelied, II. 4.
95 Meister Eckhart, Buch der göttlichen Tröstung, in: Deutsche Predigten
   und Traktate, ausgew., übertr. und eingel. Friedrich Schulze-Maizier,
   Leipzig 1938, S.117
97 Søren Kierkegaard, Der Liebe Tun, Düsseldorf 1966, I, IX,13f S.12
98 Aurelius Augustinus, Quelle unbekannt
99 Gertrud von Helfta, Quelle unbekannt
100 Karl Barth, Kirchliche Dogmatik, III/4, 429
   © TVZ Theologischer Verlag, Zürich
101 Friedrich von Bodelschwingh, Quelle unbekannt
103 Bernhard von Clairvaux, Quelle unbekannt
105 Klaus Bannach, Gebete der Stille, © 1979 by Radius-Verlag,
   Alexanderstr. 162, 70189 Stuttgart, S. 59
109 Musik Jacques Berthier (1923-1994) © Ateliers et Presses de Taizé,
   71250 Taizé-Communauté, Frankreich
110 Regula Benedicti 43,3

113	Bernhard von Clairvaux, 83. Predigt über das Hohelied, II. 4.
114	Dag Hammarskjöld, Zeichen am Weg, für die deutsche Fassung © 167 Droemersche Verlagsanstalt Th. Knaur Nachf. GmbH & Co. KG, München, S. 48
115	Alle Autorenrechte liegen bei der Katholischen Akademie in Bayern Romano Guardini, Vorschule des Betens, 11. Aufl. 1999, S. 62; Verlagsgemeinschaft Matthias Grünewald, Mainz / Ferdinand Schöningh, Paderborn
117	Pascal Mercier, Nachtzug nach Lissabon © Carl Hanser Verlag München 2004
119	Dorothea Krauß, Schwanberg, zitiert aus einem Informationsblatt für Besucher eines Benediktinerklosters
121	Regula Benedicti, 19,2b-7
123	Bernhard von Clairvaux, Brief 398, an Abt Guido und die Mönche von Montiéramey, 2.
125	Bettina von Arnim, Die Günderode II, Berlin1857, S.7
127	Eberhard Jüngel : ...ein bisschen meschugge... Predigten 5 © 2004 by Radius-Verlag, Alexanderstr. 162, 70180 Stuttgart
131	Text Lukas 24,29; Melodie Albert Thate, © Bärenreiter-Verlag, Kassel
137	Dorothee Sölle, Leiden, S. 172, © KREUZ VERLAG, in der Verlag Herder GmbH Freiburg im Breisgau, 2. Auflage 2004
139	Bernhard von Clairvaux, Sentenzen III. 127.
141	Bernhard von Clairvaux, Sentenzen III. 127.
143	Bernhard von Clairvaux, Sentenzen III. 127.
145	Bernhard von Clairvaux, Sentenzen III. 127.
147	Konstantin Wecker, Schmerzvoll lebendig: die Gedichte 1963-1997, Köln 1989, S.138
151	Aurelius Augustinus, Bekenntnisse, Confessiones I c.1n.1.
155	Friedrich Walz, Das Leben ist der Weg, München 1985. S.43
159	Rainer Maria Rilke, Briefe an seinen Verleger, Leipzig 1934. S.247
163	Hermann Spieckermann, Gott und die Nacht, Beobachtungen im Alten Testament, IKZ Communio 5 / 2007
167	Kanon von W. Christlein, Rechte: Amt für Gemeindedienst Nürnberg
169	Jochen Klepper, aus: Trostlied zum Totensonntag, in Kyrie. Geistliche Lieder, Luther-Verlag Bielefeld 2011 23. Aufl., S. 63
171	Alle Autorenrechte liegen bei der Katholischen Akademie in Bayern Romano Guardini, Vorschule des Betens, 11. Aufl. 1999, S. 32; Verlagsgemeinschaft Matthias Grünewald, Mainz / Ferdinand Schöningh, Paderborn
173	Martin Luther, WA 9 S.567
175	Altes Kirchengebet, Quelle unbekannt
181	Dietrich Bonhoeffer, Gemeinsames Leben, DBW 5, S.37
183	Bernhard von Clairvaux, Quelle unbekannt

185   Dietrich Bonhoeffer, DBW 14, S.872
187   Regula Benedicti, Prolog 8-10
189   aus der Tradition der Wüstenväter, Migne PGL 1864, Bd.65 Sp. 342
191   T/M Joachim Schwarz (1939-1998)/ 1962 © Mechthild Schwarz Verlag,
      Ditzingen
193   Eberhard Jüngel: Unterbrechungen, Predigten 4, © 2004 by Radius-Verlag,
      Alexanderstr. 162, 70180 Stuttgart
197   Vorlesungsnachschrift zu Hartmut Gese, 'Psalmen' WS 1979/80
199   Eduard Mörike, Zum neuen Jahr, Kirchengesang, in: Gesammelte
      Schriften in vier Bänden Bd.1, G. J. Göschen'sche Verlagshandlung Leipzig
      1905, S.133
205   Text: Gerhard Tersteegen, Der Weg in die Weite, hg. E. Schacht, Hamburg
      1938, S.132; Melodie: Helmut Duffe
207   Aurelius Augustinus, Genesiskommentar Gn. litt. inp. 13,38
      .."ut signum, id est quasi uestigium aeternitatis tempus adpareat."
209   Alle Autorenrechte liegen bei der Katholischen Akademie in Bayern
      Romano Guardini, Von heiligen Zeichen, 7. Taschenbuchauflage 2009,
      S. 74; Verlagsgemeinschaft Matthias-Grünewald-Verlag, Ostfildern
215   Martin Luther, Quelle unbekannt
217   Jochen Klepper, aus: Mittagslied, in: Kyrie. Geistliche Lieder.
      Luther-Verlag Bielefeld 2011 23. Aufl., S. 14
219   Georg Christoph Lichtenberg, Aphorismen, Berlin 1936, S. 49
221   Karl Rahner, Quelle unbekannt
223   Paul Fleming, in: Paul Fleming, Friedr. von Logau und Adam Olearius, hg.
      Kürschner/Oesterley, Berlin/Stuttgart 1885, aus: Gedanken über die Zeit
      S.15
225   Thomas von Aquin, Quelle unbekannt
229   Jean-Louis Chrétien, L'Intelligence du feu, Paris, Bayard 2003
231   Alle Autorenrechte liegen bei der Katholischen Akademie in Bayern
      Romano Guardini, Vom Leben des Glaubens, 3. Taschenbuchauflage 2009,
      S. 135; Verlagsgemeinschaft Matthias-Grünewald-Verlag, Ostfildern
233   Leonardo Boff, Kleine Trinitätslehre © Patmos-Verlag der Schwabenverlag AG,
      Ostfildern/ Düsseldorf 1990
235   nach einer alten Legende – frei nacherzählt
237   Bernhard von Clairvaux, 2. Predigt zum Sonntag Septuagesima, 3.
239   Henri Nouwen, Aus der Einsamkeit leben, Claudius Verlag,
      München, 2010, S. 17
241   Dietrich Bonhoeffer, Gemeinsames Leben, DBW 5 S.65;26;24
243   Aus: Carlo Maria Martini / Umberto Eco: Woran glaubt, wer nicht glaubt?
      Aus dem Italienischen von Burkhart Kroeber und Karl Pichler
      © Paul Zsolnay Verlag Wien 1998

244	Franz von Assisi, Quelle unbekannt
245	Kanon nach Röm 15,7, Quelle unbekannt
247	Dietrich Bonhoeffer, Gemeinsames Leben, DBW 5 S.63
249	aus: Manfred Hausmann, Sieben Tischgebete. Aus ders., Unterwegs. Altmodische Liebe. Bittersüß aus dunklem Krug. Gedichte aus den Jahren 1947 – 1982. © S. Fischer Verlag GmbH, Frankfurt am Main 1983
251	Dietrich Bonhoeffer, Nachfolge, DBW 4, S.227
253	Herbert Röser, zitiert aus: Ökumene heute Mein Liederbuch 2, 1992, S.51
255	aus franziskanischer Tradition, Normandie um 1913, früher Franz von Assisi zugeschrieben
258	Sophokles, Antigone, 523
261	Text: Christian Schmidt; Melodie R. V. Williams, Rechte bei Oxford University Press, GB-Oxford
263	Bernhard von Clairvaux, Über die Bekehrung, XVIII. 31.
265	Bernhard von Clairvaux, Über die Besinnung, 3.Buch I. 2.
267	Zenta Maurina, Quelle unbekannt
269	Bernhard von Clairvaux, 83. Predigt über das Hohelied, II. 4.
271	Bernhard von Clairvaux, Ansprache über die Barmherzigkeit, II. 9.
272	Oskar Wilde zugeschrieben, Quelle unbekannt
273	Martin Luther, 28. These der Heidelberger Disputation: amor Dei non invenit sed creat suum diligibile. amor hominis fit a suo diligibili.
275	Albert Schweitzer zugeschrieben, Quelle unbekannt
277	Dietrich Bonhoeffer, Brief vom 14.1.1935 an seinen Bruder Karl-Friedrich, DBW 13, S. 273
279	Dag Hammarskjöld, Zeichen am Weg, für die deutsche Fassung © 1967 Droemersche Verlagsanstalt Th. Knaur Nachf. GmbH & Co. KG, München, S. 128
281	Jörg Zink, Dornen können Rosen tragen, Mystik – die Zukunft des Christentums, S. 188 © Verlag Herder GmbH, Freiburg i. Br., 2009
283	Bernhard von Clairvaux, Quelle unbekannt
285	Alexander Solschenizyn, Evang. Gesangbuch, Ausgabe Bayern/Thüringen, S. 1042
291	Nikolaus von Kues, Quelle unbekannt
292	Marie von Ebner-Eschenbach, Das Gemeindekind/Novellen/Aphorismen S.867, Winkler Verlag München 1956 nach der ersten Gesamtausgabe Berlin 1893
293	Bernhard von Clairvaux, Über die Gottesliebe, VIII. 23.
295	Mechthild von Magdeburg, Das fließende Licht der Gottheit, Margot Schmidt (hrsg.) Fromann-Holzboog 1995. S.129
297	André Gide zugeschrieben. Quelle unbekannt
299	Victor Hugo, Quelle unbekannt

Die für dieses Buch ausgewählten Texte entstammen einer Sammlung, die sich über Jahre hinweg erweitert hat. Die ursprüngliche Quelle für einen jeden Text nachzuweisen, war leider nicht möglich. Für entsprechende Quellenhinweise sind wir dankbar. Rechtsansprüche bleiben selbstverständlich gewahrt. Für die erteilten Abdruckgenehmigungen den beteiligten Verlagen, Autoren und Komponisten ein herzliches Dankeschön!

Bildnachweis

Alle Abbildungen im Hauptteil: Münster bzw. Kloster Heilsbronn. Falls nicht anders verortet, stammt die jeweilige Aufnahme aus dem Münster.

Die Skulpturen der Seiten 306 und 308 von Andreas Kuhnlein sind seit der Ausstellung „Menschenbilder – und der König stieg herab von seinem Thron" im Jahr 2007 ‚Dauergäste' des Münsters.

Aufnahmen: Ulrike Feldmeier

Danksagung

Ein herzliches Dankeschön
an alle jene, die dieses Buch mit ermöglicht
haben! Dank der Kirchengemeinde Heilsbronn und auch dem Religionspädagogischen
Zentrum in Heilsbronn für die Genehmigung
der Veröffentlichung der Bilder im Rahmen
dieses Buches! Ein herzliches Dankeschön allen
beteiligten Verlagen, Autoren und Komponisten
für die erteilten Abdruckgenehmigungen.
Ebenfalls Dank an den Bildhauer Andreas Kuhnlein für sein Einverständnis mit den Abbildungen
seiner wunderbaren Skulpturen. Dank an
Herrn Helmut Schönknecht und Herrn Ulrich
Grosse für die freundliche Unterstützung beim
Photographieren. Dank an Hannah Feldmeier
für die überaus wertvolle graphische Beratung
und Gestaltung. Dank aber auch all denen,
die immer wieder mit theologischen oder for-
malen Anregungen und Korrekturen Beistand
geleistet haben. Dank dem Landeskirchenrat der
Evang.-Luth. Kirche in Bayern für dessen
Zuschuss zu den Druckkosten.
Nicht zuletzt Dank dem Verleger, Kirchenrat
Martin Backhouse, für die Aufnahme in sein
Verlagsprogramm.

Im Namen des Heilsbronner Konvents
Prior Christian Schmidt und Ulrike Feldmeier

399